LE NOUVEL
OBSERVATEUR
DES SALONS,

ou

REVUE DE 1834,

EXPLICATION DES OUVRAGES EXPOSÉS :

PEINTURE. GRAVURE. SCULPTURE.

REVUE DU SALON DE 1834.

PEINTURE.

PREMIÈRE SALLE (1).

776. — Charmante peinture représentant une Fin de Bal.

96. — Tableau de M. Bellangé, la Visite du Curé.

552. — Mœurs de Bretagne. Marché aux Chevaux, par M. A. Colin.

1494. — Les frères Chartreux au réfectoire.

6. — Un des premiers tableaux que l'on peut remarquer en entrant dans ces salles, qui renferment les dernières productions de nos meilleurs peintres, c'est le Diable enlevant l'Amour.

1655. — Église de Marcel, près Saint-Germain-en-Laye. Vue intérieure par M. Renoux.

1068. — Un auteur américain, Cooper, dans son roman intitulé *le dernier des Mohicans*, a donné le sujet de ce tableau. Un chasseur et un major sont assiégés par les Hurons, près de la cataracte de Glenn.

555. — Le sujet est encore tiré du même auteur, *le Bravo*. Gelsomina, pour obtenir la grâce de son amant, se jette aux pieds du doge.

DEUXIÈME SALLE.

231. — Le dernier jour de Pompéï, irruption du Vésuve qui, il y a bientôt 1800 ans, ensevelit cette malheureuse ville et ses environs; ce tableau est de M. Bruloff.

---

(1) Les tableaux des deux premières salles sont indiqués selon le rang qu'ils occupent et non par numéros d'ordre.

147. — Triomphe de la religion sur l'athéisme. Un Guerrier aidé de l'Espérance repousse les pensées de néant, de destruction.

95. — Lunette Saint-Laurent, prise en décembre 1832. (Siége d'Anvers.) — Après avoir consommé la brèche, des grenadiers s'élancent sur la garnison hollandaise, qui met bas les armes. Pendant cette action, deux autres régimens débouchent par la droite et la gauche.

1894. — Tableau de Vernet. Arrivée du duc d'Orléans au Palais-Royal.

1169. — Les Cimbres défaits par Marius.

1956. — Fin du combat.

272. — La reine visite l'Hôtel-Dieu après les journées de juillet 1830. Elle est accompagnée de madame Adélaïde, de deux de ses fils, les ducs de Nemours et de Joinville, des princesses ses filles, de M. le marquis de Marbois et de M. de Laborde. Elle se fait écrire les noms des blessés.

593. — Jane Grey, par M. Delaroche.

800. — Pêche du maquereau. — Sur le premier plan sont des pêcheurs dans une chaloupe. On aperçoit Dieppe dans le fond de ce tableau.

88. — Mort de la grande Dauphine, belle-fille de Louis XIV.

1399. — Jeanne la folle, reine de Castille. Elle perdit la raison au moment même où expira son époux Philippe.

598. — Paris, vu du boulevart Poissonnière.

1615. — Des paysans d'Appignano, à 7 lieues d'Ancône, trouvent après l'orage une femme que la foudre a frappée.

1779. — Noé, maudissant son fils, lui dit : « Que Chanaan soit maudit, qu'il soit, à l'égard de ses frères, l'esclave des esclaves. »

967. — Louis-Philippe reçoit les députés de 1830, qui lui présentent au Palais-Royal l'acte de son avénement au trône.

559. — Départ pour la ville. Une jeune paysanne, au moment de quitter ses parens, est bénie par son père.

940. — Crucification de Jésus. Ce tableau est de M. Paul Guérin. On voit au pied de la croix des emblêmes de triom-

phe sur la tyrannie et sur la mort. Satan est précipité dans l'abîme; un Ange adore la victime.

1437. — Joas interrogé par Athalie, tableau de Navez.

1133. — Tableau de Latil, représentant Isaac, devenu vieux, et dont les yeux se sont obscurcis; il bénit Jacob, croyant donner sa bénédiction à Esaü.

1759. — Ce tableau, qui est destiné à décorer l'une des salles de la Préfecture, est de M. Schnetz. C'est le combat de l'Hôtel-de-Ville, en 1830, le 28 juillet.

998. — Martyr de Saint-Symphorien, condamné au supplice, il refuse de renoncer à la loi de Dieu, et dit à sa mère un dernier adieu. Ce tableau est de Ingres.

724. — Procession de la Ligue, par M. Fleury.

909. — Garde-chasse arrêtant un petit voleur de bois, par M. Grenier.

TROISIÈME SALLE.

16. — Parabole du Samaritain, par M. Aligny.

24. — Jeune pâtre grec découvrant un bas relief antique.

44. — Etude. Paysage par un anonyme.

65. — Scène d'invasion en 1814, par M. Badin.

94. — Journée du 6 mars 1815. Retour de l'Ile d'Elbe. Arrivé à portée de la voix, l'empereur découvrit sa poitrine et dit : « Eh quoi! soldats, ne me reconnaissez-vous pas? s'il en est un seul qui veuille tuer son ancien général, son empereur, il le peut, le voici. »
On sait quel fut la réponse des soldats.

121. — Forêt de Nettuno, dans les marais Pontins, par M. Bertin.

125. — Scène maritime. Baptême sous la ligne, par le bonhomme Tropique.

148. — Napoléon, visitant le Palais-Royal.

187. — Ce beau tableau, qui représente le baptême de Louis XIII, est de M. Boulanger.

191. — Scène de Lucrèce Borgia, L'Affront, par le même.

217. — François Ier visitant les ateliers de son sculpteur Benvenuto Cellini.

225. — Scène de Cour d'assises. Tirage au sort des jurés, par M. Brocas, père.

227. — Urbain Grandier. — La supérieure des Ursulines, Jeanne de Belfield, se jette aux pieds de Grandier en lui demandant pardon de l'avoir accusé d'hérésie, par M. E. Broeas.

232. — Tentation de Saint-Antoine, par M. Brune.

240. — Jeanne d'Arc révèle sa mission à Charles VII, qu'elle reconnaît au milieu de ses courtisans.

259. — Château d'Angeistein (canton de Berne), par mademoiselle Caillet.

311. — Orphelin très jeune, sans ressources, Piétre de Crotonne se rend à Florence. Il est livré à la plus affreuse misère lorsque quelques-uns de ses dessins venant à tomber entre les mains du cardinal Sacheti, celui-ci lui procure les moyens de continuer ses études.

328. — Peinture de M. Cibot, les Beignets. —Les personnages sont Mlle d'Humières et Louis XIV.

383. — Galerie de Nemours, par M. Courtin.

444. — Tableau par M. de Boy. Enrôlement volontaire en 1792.

458. — Le Serpent d'airain, par M. Derbois.

494. — Mort de Charles-le-Téméraire, par M. Delacroix.

511. — Julien de Péveril quitte l'auberge du Chat-Botté. Le sujet est tiré d'un roman anglais.

519. — Ève cueillant le fruit défendu, par M. Delorme.

538. — Orpheline arrivant chez de bons villageois, par M. Destouches.

659. — Pierre-le-Cruel tué par le roi Henri.

714. — Campagne de Russie, par M. Finart.

873. —Marengo. Desaix est tué et tombe de son cheval ; Kellermann renverse les Autrichiens, par M. Godefroy.

917. — Louis-Philippe et sa famille se rendant à bord de la frégate l'Atalante.

964. —Retour des Champs, par M. Auguet.

1011. — François Ier et la belle Cordière, par M. Jacquard.

1084. — Coligny assasiné. Ce tableau est de M. Keller.

1098. —Napoléon à Sainte-Hélène, par M. Lacroix.

118. — Débarquement des troupes françaises à Sidi-Ferruch. Combat.

146. — Ce sujet est tiré de l'histoire de Russie. Il représente Elisabeth 1re et Kohl, qui était vivement épris des charmes de cette impératrice, et qui se précipita à ses genoux. Loin d'être courroucée, Elisabeth le relève avec bonté et dit à ses courtisans : « Si nous faisions mourir ceux qui nous aiment, que ferons-nous à ceux qui nous haïssent ! »

170. — La Mère rivale, par M. Lecœur.

196. — Incendie dans une écurie, par M. Le Dieu.

294. — L'Albane, par M. Lordon : il est représenté prenant pour modèle un de ses enfans.

243. — Sauvetage, par M. Lepoitevin.

234. — Charles II prend congé de sir Henri Lee. « Adieu, mon digne ami, dit le roi, pense à moi comme à un fils, comme à un frère d'Albert et d'Alice, qui, à ce que je vois, sont impatiens de me voir partir ; donnez-moi la bénédiction d'un père, et je pars. »

323. — Convoi militaire, par M. Lepoitevin.

457. — Napoléon donne son manteau à un grenadier de la garde, et lui dit : « Tâche de me le rapporter, je te donnerai en échange la croix que tu viens de gagner si vaillamment. » Le grenadier répond : « Le linceul que je viens de recevoir vaut bien un manteau, » et en disant ces mots il expire.

487. — Siége d'Anvers. Attaque de la lunette Saint-Laurent le 15 décembre 1832. — Le général Haxo visite les travaux ; il est accompagné du capitaine Rougane et du garde de génie Négrier. Toutes ces figures sont des portraits, et le dessin des localités est d'une grande ressemblance.

490. — Ce sujet est le même. Les ducs d'Orléans et de Nemours, accompagnés du maréchal Gérard, etc., visitent la brèche faite à la lunette.

509. — Le naufrage du navire anglais l'Anphitrite a eu lieu en août 1833, devant Boulogne. Cent huit femmes et douze enfans condamnés à la déportation étaient à bord, ainsi que seize hommes d'équipage. Tout périt en un instant.

540. — Jolie production de M. Pigal, représentant le Retour de la guinguette.

585. — Un navire, le Britannia, prit feu en 1817, en allant de France aux Etats-Unis. Une femme, qui avait attaché au-

tour d'elle son jeune enfant, se jette à la nage , gagne un rocher, et s'évanouit. Un chien qui les avait aidés dans ce trajet, appelle du secours.

1605. — Tableau de M. Rovérot. Naufrage.

1649. M. Rioult a voulu représenter la misère. Il serait difficile de trouver un sujet plus ingénieux que celui-ci : un malheureux père de famille dérobe un pain pour ses enfans qui ont faim, et le donne à sa femme ; mais on voit, dans le fond du tableau, le boulanger dénonçant au commissaire l'honnête et infortuné voleur.

1676. — Saint-Barthélemy, par Roqueplan. Mergy, amant de Diane de Poitiers , est conjuré par celle-ci d'abjurer la religion protestante.

1710. — Loisirs d'un pacha. Tableau de madame Rumilly.

1820. — Invasion de 1814, par M. Thévenin. — Cosaques enlevant de jeunes filles à leur mère.

1847. — Le sujet de ce tableau est tiré d'un poème intitulé les Amours des Anges , et selon lequel les anges jadis venaient sur terre pour visiter les filles des hommes. Une de ces filles, curieuse comme elles le sont toutes, voulut voir son ange resplendissant de sa divinité et comme elle l'avait rêvé. Celui-ci satisfit sa curiosité, mais la malheureuse fille fut cruellement punie, car la lumière brillante qui l'environna l'éblouit, et elle tomba consumée.—Le sens moral de ce tableau, qui est de M. Trézel, est sans doute d'apprendre aux jeunes filles à n'être plus curieuses.

1861. — Une servante infidèle se réjouit de donner à son amant une bouteille de vin qu'elle vient de voler.

1865. — Après un naufrage, femme qui s'est retirée sur un rocher, par M. Vallon de Villeneuve.

1870. — Sujet tiré d'un roman de Walter-Scott, Quentin Durward.

1893. — Un chancelier d'Angleterre , Thomas Morus, refuse de renoncer à la religion catholique. Condamné à mort, sa femme vient le trouver dans sa prison et le conjure mais en vain ; par M. Verdé-Delisle.

1913. — Mariage célèbre en l'an 1600, dans la grotte d'El Matrimonio.

GRAVURE.

2164. — Imprudence et Malice, d'après le tableau de Franquelin.

2168. — Le combat des Lapithes et des Centaures, par M. Bein.

2185. — Moïse montre aux peuple d'Israël les tables de la loi.

2174. — Les Contrebandiers d'après M. Grenier.

2204. — Le duc d'Anjou est déclaré roi d'Espagne.

2217. — Gravure pour les œuvres de Millevoye.

2235. — Saint-Vincent-de-Paule prêchant devant Louis XIII, pour les enfans abandonnés.

2236. — Louis XV enfant, béni par Louis XIV.

2239. — Une jeune femme est assise sur une fenêtre, elle est en costume poissard et tient son masque.

2240. — Gravure représentant Edouard en Ecosse, d'après M. Paul Delaroche.

2242. — Gravures sur bois, par le célèbre graveur Thompson, d'après les dessins de Tellier, de Jules David, de Chenavard.

2245. — Napoléon visite le champ de bataille d'Eylau, d'après M. Gros.

SCULPTURE.

1961. — Statue en marbre français : Ulisse que reconnaît son chien, par M. Barre.

1962. — Statue en plâtre représentant David armé de la fronde qui va tuer Goliath.

1982. — Kléber, assassiné le 14 juin 1800 , par un turc nommé Soleyman-el-Aleph, par Bougron.

1988. — Modèle représentant la prise d'Alexandrie en Egypte par l'armée française. Ce modèle est destiné à décorer l'arc de la barrière de l'Etoile.

2002. — Diogène. « Que fais-tu ? tu bois sans coupe ; — à quoi bon ; n'ai-je pas le creux de ma main ? — Par Jupiter ! cet enfant m'apprend que j'ai du superflu ! »

2014. — Renaud retourne au camp ; à l'aspect des armes placées devant lui , il brise les liens de fleurs de l'enchanteresse Armide.

2077. — Le Dauphin sauvé par Tanneguy-Duchâtel. Groupe en plâtre de M. Grenevich.

2150. — Le docteur Gall adressant ses découvertes aux Sciences personnifiées. Il s'adresse particulièrement à la Médecine.

PLAFONDS.

GRAND ESCALIER.

Première partie. Renaissance des Arts. (Abel de Pujol.)
Deuxième partie. La France recevant l'hommage des Beaux-Arts. (Meynier.)
Troisième partie, au-dessus de la fenêtre et de la porte. Apollon reçoit l'hommage des Beaux-Arts. (Petitot fils.)

SALLE QUI PRÉCÈDE LE GRAND SALON.

Apothéose du Poussin, de Lesueur, de Lebrun, par Meynier.

SALLE RONDE.

Cinq compositions, le Soleil et les quatre Élémens.
La chute d'Icare. (M. Blondel.)
Combat d'Hercule et d'Anthée. (M. Couder.)

PREMIÈRE SALLE (1).

Hommage rendu par les Arts au souverain qui réunit leurs ouvrages dans son palais. Ce plafond est peint par M. Gros. Les bas-reliefs au nombre de six, sont peints en grisaille.

DEUXIÈME SALLE.

PLAFOND PAR VERNET.

Le pape Jule II ordonne au Bramante, à Michel-Ange, à Raphaël, les travaux de Saint-Pierre et du Vatican.

TROISIÈME SALLE.

PLAFOND PAR ABEL DE PUJOL.

L'Egypte sauvée par Joseph. — Des vapeurs qui s'échappent du Nil, desséché par les feux que le Sphynx a jetés dans ce fleuve, naissent les sept années de famine qui dévorèrent l'Egypte. L'Egypte se précipite dans les bras de Joseph son libérateur, qu'admire Pharaon, placé sous le portique de son palais. Quatre bas-reliefs représentent Joseph, 1º gardant les trou-

---

(1) L'entrée principale de ces galeries est du côté de Saint-Germain-l'Auxerrois.

peaux ; 2° vendu par ses frères ; 3° expliquant les songes de Pharaon ; 4° élevé au gouvernement de l'Egypte.

QUATRIÈME SALLE.

PLAFOND PAR M. PICOT.

L'Egypte et la Grèce dévoilées par l'Etude et le Génie. Les voussures représentent Orphée, Appel, Phidias, etc.

CINQUIÈME SALLE.

PLAFOND PAR M. LE BARON GROS.

Le tableau du centre représente la Véritable Gloire s'appuyant sur la Vertu. — Noms des hommes qui ont illustré la France. — A droite, Mars couronné par la Victoire ; à gauche, la Vérité élevée par le Temps vers les marches du trône, où elle est reçue par la Sagesse.

SIXIÈME SALLE.

PLAFOND PAR M. PICOT.

Cybelle est représentée protégeant contre le Vésuve, les villes de Pompéia, Herculanum, Retina, Stabia. Les grisailles qui sont de M. Fragonard, représentent les Beaux-Arts et les Sciences rendant hommage aux dieux qui les protégent.

SEPTIÈME SALLE.

PLAFOND PAR M. MEYNIER.

La déesse des Beaux-Arts conduit les nymphes du Parthénope sur les bords de la Seine.

HUITIÈME SALLE.

PLAFOND PAR M. HEIM.

Le Vésuve reçoit de Jupiter le feu qui consummera Stabia, Pompéia, Herculanum ; Minerve intercède pour ces malheureuses villes. Le dieu des Vents attend les ordres de Jupiter.

NEUVIÈME SALLE.

PLAFOND PAR M. INGRES.

Homère couronné par la Victoire. Les ouvrages de ce poète ont fourni les principaux sujets des grisailles, qui sont de MM. Gosse et Vinchon.

DIXIÈME SALLE.

OU SALLE DES SEPT CHEMINÉES.

L'entrée de Henri IV à Paris et la bataille d'Austerlitz, par M. le baron Gérard.

ONZIÈME SALLE.

PLAFOND PAR M. MAUZAISSE.

Le Temps laissant voir les ruines qu'il amène et les chefs-d'œuvre qu'il fait découvrir. Les voussures représentent les Quatre Élémens.

DOUZIÈME SALLE.

PLAFOND PAR M. ALAUX.

Présentation, par le cardinal de Richelieu, du Poussin, arrivant de Rome. Les autres personnages sont Cinq-Mars, de Thou, le père Joseph. La Vérité et la Philosophie sont placées à gauche et à droite du plafond.

TREIZIÈME SALLE.

PLAFOND PAR M. STEUBEN.

Cette excellente composition représente la Clémence de Henri IV après la victoire d'Ivry.

QUATORZIÈME SALLE.

PLAFOND PAR M. DEVÉRIA.

Louis XIV, entouré de sa Cour, va visiter le groupe de Milon de Crotonne dans les Jardins de Versailles. — Dans des médaillons, entre les voussures, les principales fondations de Louis XIV sont représentées : l'Observatoire, le Val-de-Grâce, la porte Saint-Martin, l'Hôtel des Invalides, la porte Saint-Denis, etc. *Hercule en repos*, *les Coriatides de Toulon*, *Alexandre et Diogène*, *Persée et Andromède*, sont dans d'autres médaillons.

QUINZIÈME SALLE.

PLAFOND PAR M. FRAGONARD.

François Ier, accompagné de sa sœur la reine de Navarre, et entouré de sa cour, reçoit les statues et les tableaux rapportés d'Italie. Dans les voussures, des Génies présidant aux arts sont représentés.

SEIZIÈME SALLE.

PLAFOND PAR M. HEIM.

La nation française est accompagnée du Génie des Arts ; elle lui offre des trésors. L'artiste a peint sur les voussures , le Pérugin faisant le portrait du roi Charles VIII ; on peut y remarquer aussi Léonard de Vinci à son lit de mort , le Camp du Drap d'or, le Tournoi dans lequel Henri II fut blessé par Montgommery, et plusieurs autres excellentes compositions.

DIX-SEPTIÈME SALLE.

PLAFOND PAR M. FRAGONARD.

François Ier armé chevalier; les Génies qui président la chevalerie sont représentés dans les voussures.

DIX-HUITIÈME SALLE,

PLAFOND PAR M. SCHNETZ.

Alcuin présente des ouvrages manuscrits de ses moines à Charlemagne ; un ambassadeur assiste à cette cérémonie , c'est celui d'Aroun-al-Raschild.

DIX-NEUVIÈME SALLE.

PLAFOND PAR M. DROLLING.

Louis XII est proclamé père du peuple aux Etats-Généraux tenus à Tours en 1866.

VINGTIÈME SALLE.

PLAFOND DE M. COGNIET.

Expédition d'Egypte sous les ordres de Napoléon. La Bataille d'Aboukir, la Révolte du Caire , le Pardon aux révoltés du Caire, la Peste de Jaffa , sont représentés dans les voussures.

IMPRIMERIE DE HERHAN,
RUE SAINT-DENIS, 380.